Gebert & Gebert

Preiswert schenken mit Spaß

111 Geschenkideen

mit viel Phantasie und für wenig Geld

Eichborn.

Die Deutsche Bibliothek –
CIP-Einheitsaufnahme

Gebert & Gebert:
Preiswert schenken mit Spaß:
/ Gebert & Gebert. –
Frankfurt am Main : Eichborn, 2000
ISBN 3-8218-3563-X

Umschlaggestaltung: Irma Schick
Satz: Fuldaer Verlagsagentur, Fulda
Druck: WS Bookwell, Finnland
ISBN 3-8218-3563-X

Verlagsverzeichnis schickt gern:
Eichborn Verlag, Kaiserstraße 66,
D-60329 Frankfurt am Main
www.eichborn.de

Inhaltsverzeichnis

Sparsame Worte vorweg 5

Kulinarische Geschenke I 7

Geschenke aus der Natur 13

Schmuckgeschenke 19

Geschenke für die Schönheit 23

Gebastelte Geschenke 27

Geschenke, die man hören, sehen oder lesen kann 37

Kulinarische Geschenke II 43

Gratisgeschenke 51

Dekorative Geschenke 57

Geschenke, die helfen 65

Kulinarische Geschenke III 73

Festliche Geschenke 79

Verpackungen für Geschenke 83

Noch mehr Tipps rund ums Schenken 87

Sparsame Worte vorweg

Die Familie Spar ist wieder da! Mit 111 Ideen, wie man anderen Leuten mit Geschenken, die wenig oder gar kein Geld kosten, Freude bereiten kann. Dieter und Monika, Nadine und Marcel haben im Alltag (und in ihrem ersten Buch **»Sparen mit Spaß«**) bewiesen, dass sie wahre Meister im Weniger-Geld-Ausgeben sind. Doch ein Bereich des alltäglichen Lebens verführt immer noch zu viel zu großen Ausgaben: das Schenken! Und hierbei sind die Anlässe so verschieden wie die Menschen, die man beschenken will (oder muss ...).

Geschenke zum Geburtstag, Hochzeitstag, Jubiläum, zur Wohnungseinweihung, als Mitbringsel, als Dankeschön, zu Weihnachten, zur Wiedergutmachung oder zum Muttertag können viel Geld kosten. Monika hat irgendwann einmal ausgerechnet, wie oft Marcel und Nadine von Schulkameraden zum Geburtstag eingeladen werden. Das Ergebnis: Allein für Kindergeburtstage muss Monika mindestens *zwölf* Geschenke im Jahr besorgen. Dazu kommen die Jubiläen sämtlicher Familienmitglieder, Kollegen oder Nachbarn. Also vergeht fast kein Monat, in dem man nicht Geschenke einkaufen muss und sehr, sehr viel Geld loswird, wobei immer noch die Gefahr bestehen könnte, dass man etwas schenkt, das das Geburtstagskind längst schon hat oder gar nicht mag. Das muss nicht sein!

Die Spars stellen in ihrem neuen Buch **»Preiswert Schenken mit Spaß«** eine Sammlung von wertvollen Tipps für originelle, preisgünstige oder gar kostenlose Geschenke zusammen, mit denen man den unterschiedlichsten Personen zu den verschiedensten Anlässen sehr viel Freude bereiten kann.

Kulinarische Geschenke I

Berühmt für ihre selbst gemachten Pralinees-Mitbringsel, ist Oma Spar immer ein sehr willkommener Gast. Hier eine Auswahl ihrer Rezepte:

Sahnepralinees

Zutaten:
1/8 l süße Sahne
200 g Halbbitterkuvertüre
1 TL Pulverkaffee
3 EL Puderzucker
Pistazienkerne
Buntzucker
Mandelstifte
Papierpralinenformen

Die Sahne mit der Kuvertüre unter ständigem Rühren so lange erhitzen, bis sich die Kuvertüre aufgelöst hat. Den Pulverkaffee und den Puderzucker unter die cremige Masse rühren. Die Creme sehr vorsichtig in die Pralinenförmchen gießen und mit gehackten Pistazienkernen, Buntzucker oder mit Mandelstiften verzieren. Die gefüllten Pralinen-Manschetten einige Stunden kalt stellen.

Tipp: Selbst gemachte Pralinen sollten nicht zu lange und möglichst im Kühlschrank aufbewahrt werden. Ihre Haltbarkeit beträgt in der Regel etwa vier Wochen.

Karamelfudge mit Sonnenblumenkernen

Zutaten (für ca. 60 Stück):
300 g Zucker
1/4 l süße Sahne (30 % Fett)
1 Vanilleschote
30 g Sonnenblumenkerne
1 EL Butterschmalz

100 g Zucker schmelzen und hell karamellisieren. Den Topf von der Herdplatte nehmen. Die Sahne und den restlichen Zucker hinzufügen. Die Vanilleschote aufschneiden, auskratzen und das Mark zum Karamell geben. Bei geringer Hitze je nach Topfgröße ca. 30 Minuten kochen, bis sich die Masse vom Topfboden löst. Die Sonnenblumenkerne rösten und dazugeben. Eine hitzefeste Form (10 x 18 cm) ausfetten, die Karamell-Masse hineingeben. Mehrere Stunden erkalten lassen; anschließend mit einem in heißes Wasser getauchten

Messer 6 x10 cm große Stückchen schneiden.

Tipp: Das Grundrezept lässt sich gut abwandeln, wenn man statt der Sonnenblumenkerne Pistazien, Mandeln oder Haselnüsse hinzufügt.

Caramellos

Zutaten:
1/4 l süße Sahne
50 g Butter
260 g Zucker
2 Päckchen Vanillinzucker
etwas Butter für das Backblech

Sahne, Butter, Zucker und Vanillinzucker in einer große Pfanne unter ständigem Rühren ca. 30 Minuten kochen, bis eine hellbraune Farbe entsteht. Die Masse muss dicklich sein. Das Backblech mit Butter einfetten und den Teig gleichmäßig darauf verteilen. Wenn er halb fest ist, 1cm große Quadrate einschneiden. Alle Häppchen müssen gut auskühlen, bevor sie vom Blech genommen werden können.

Tipp: Das Backblech mit Backpapier auslegen. Klarsichtfolie in kleine Quadrate schneiden und die fertigen Caramellos stilecht damit einpacken.

Amerikanisches Erdnusskonfekt

Zutaten:
100 g Vollmilchschokolade
100 g Zartbitterschokolade
50 g Erdnusscreme
25 g brauner Zucker
200 g Erdnüsse
50 g Cornflakes
Puderzucker
verschiedenfarbige Kuvertüre

Die Schokolade in Stücke brechen und im Wasserbad oder in einem kleinen

Topf mit 1EL Wasser auf kleinster Flamme schmelzen. Die Erdnusscreme, den braunen Zucker, die Erdnüsse und die Cornflakes vorsichtig untermischen. Kleine Häufchen mit zwei Esslöffeln auf ein geöltes oder mit Backpapier ausgelegtes Backblech setzen und erkalten lassen. Das Konfekt zum Schluss mit Puderzucker und verschiedenfarbiger Kuvertüre verzieren.

Tipp: Die kleinen Häufchen auf Backoblaten setzen. Besonders hübsch sieht es aus, wenn das Konfekt direkt in kleine farbige Papiermanschetten arrangiert wird.

Rosinen-Rumkugeln

Zutaten:
100 g Butter
100 g Puderzucker
1 Päckchen Vanillinzucker
300 g geriebene Blockschokolade
3 EL Rum
125 g Rosinen, in Rum eingelegt
Bunt- oder Streuzucker

Butter, Puderzucker und Vanillinzucker schaumig rühren. Die geriebene Blockschokolade und den Rum dazugeben. Die in Rum eingelegten Rosinen sehr fein hacken und zum Schluss daruntermengen. Die Masse einige Stunden im Kühlschrank kalt stellen. Nach dem Festwerden mit Hilfe von zwei Teelöffeln (die Hände sind zu warm) kleine Kugeln formen und in Bunt- oder Streuzucker wälzen. In bunte Papiermanschetten setzen und wiederum im Kühlschrank kalt stellen.

Pasteten

Für ihren Dieter hat Oma Spar immer ein leckeres Mitbringsel: Pastete – selbst gemacht natürlich. Dazu verarbeitet sie die Reste von einer Fisch- oder Fleischmahlzeit in der Küchenmaschine oder mit dem Mixer, gibt ein wenig Butter hinzu, etwas Sahne und Kräuter. Ihrem Sohn schmeckt's prima.

Geschenke aus der Natur

Trockensträuße

Im Sommer hat Monika das Haus voller schöner frischer Blumen aus dem Garten. Doch sie lässt die Sträuße nicht einfach in der Vase welken. Sie gibt dem Blumenwasser etwas Glyzerin bei, lässt die Blumen noch zwei Tage darin stehen und hängt dann den Strauß mit dem Kopf nach unten auf. So hat sie das ganze Jahr über schöne Trockenblumensträuße zum Verschenken.

Gemüsekiste

Wenn Monika und ihre Lieben bei Städtern eingeladen sind, gibt es ein Geschenk, mit dem sie die Gastgeber besonders glücklich macht: eine Gemüsekiste aus dem eigenen Garten! Monika legt eine Kiste (oder einen Korb) mit dekorativem Stoff oder Papier aus und füllt sie mit Kostproben aus ihrem Garten – Gemüse und Obst der Saison.

Tomatenpflanzen

Statt Blumen hat Oma Spar Tomatenpflanzen auf ihrem Balkon. Dazu hebt sie ein paar Kerne von gekauften Tomaten auf, drückt sie auf Haushaltspapier und lässt sie trocknen. Im Frühjahr legt Oma Spar die Kerne mit dem Haushaltspapier in die Erde. Daraus wachsen kostenlose Tomatenpflanzen, deren Früchte nicht nur so rot wie Blumen leuchten, sondern auch gegessen und verschenkt werden können.

Ableger

Monikas Kakteen, Grün- und Blühpflanzen in Blumentöpfen vermehren sich so, dass Monika mit den Ablegern bald nicht mehr weiß, wohin. Sie topft die Ableger um. Versehen mit einem schönen Übertopf (vom Flohmarkt) oder einer selbst gefertigten Papiermanschette spendiert sie die dekorativen Pflanzen ihren Kindern für die Klassenräume oder gibt Dieter welche mit ins Büro.

Setzlinge

Gartenliebhabern kann man kein schöneres Geschenk machen, als ihnen Setzlinge mitzubringen. (Auch zum Tausch gut geeignet.)

Spargel & Erdbeeren

Monika nutzt den Platz in ihrem Garten für Obst und Gemüse, das beim Gemüsehändler teuer ist. Ein Bund Spargel oder eine Schale selbst geerntete Erdbeeren sind ein ganz besonderes Geschenk.

Gelber Trockenblumenkranz

Material:
Einfacher Styroporkranz mit dem gewünschten Durchmesser, Trockenblumen in Gelb und Grün (z.B. Strohblumen und Schafgarbe), Kornähren (z.B. Hafer)

Die Blüten kurz unterhalb der Köpfe von den Stielen brechen. Den Hafer auf etwa 10 cm lange Stücke kürzen. Das Trockenmaterial, innen beginnend, vorsichtig in den Kranz stecken. (Vorsicht! Die getrockneten Blüten sind sehr empfindlich und zerbrechen leicht.)

Tipp: Mit einem farblich passenden Band aufhängen. Sollten einige Blüten mit der Zeit auseinander fallen, können diese vorsichtig aus dem Kranz gezogen und durch neue Blumen ersetzt werden.

Schnittblumen

Oma Spar kauft und verschenkt nur gelbe Blumen, die halten länger als andersfarbige. Ist mal ein Blumenstiel geknickt, rettet sie die Blüte, indem sie die Bruchstelle mit Tesafilm umwickelt. Welk gewordene Schnittblumen (vor allem Rosen, die die Köpfe hängen lassen) werden oft wieder frisch, wenn Oma Spar die Stiele ein wenig kürzt und sie wenige Minuten zuerst in heißes und dann in kaltes Wasser taucht.

Gräser

Material:
Pusteblumen, wilde Schafgarbe, verschiedene wild wachsende Gräser und Fruchtstände, Glasvasen in verschiedenen Größen.

In der Natur wilde Gräser und verschiedene Fruchtstände sammeln. Alle Gräser fest zusammenbinden, mit dem Kopf nach unten hängend, mindestens vierzehn Tage gut durchtrocknen lassen. Zwischenzeitlich den Faden immer wieder festziehen, damit keine Gräser herunterfallen können, denn die Stiele werden mit dem Trocknen immer dünner. Anschließend die Gräser und Fruchtstände einzeln dekorieren oder in Gruppen in verschieden großen Glasvasen anordnen.

Ketten aus Naturmaterialien

Material:
Fester Faden, Handbohrer, verschiedene Dinge zum Auffädeln

Nadine ist fasziniert, als sie in Oma Spars Schmuckkasten eine Kette aus Apfelkernen – noch aus den sechziger Jahren – entdeckt. Bald tragen alle Mädchen in Nadines Klasse solchen Schmuck – auch als Freundschaftsband um den Arm.

Muscheln eignen sich ebenfalls hervorragend zum Auffädeln. Hierfür nimmt man zum Durchstechen statt einer Nadel einen sehr feinen Handbohrer.

Glückbringender Klee

Klee, nicht nur vierblättriger, gilt als glückbringendes Symbol. Monika pflanzt gerne roten oder weißen blühenden Klee (inzwischen gibt es auch rankenden) in Blumentöpfe um und hat so für viele Anlässe ein passendes Mitbringsel.

Skulpturen aus der Natur

Bei Spaziergängen am Meer oder im Wald achten die Spars auf ausgefallen geformte Wurzeln. Diese nehmen sie mit nach Hause und verzieren damit ihren Garten oder die Terrasse. Manche Dinge eignen sich auch als Kerzenständer – und zum Verschenken.

Schmuck-Geschenke

Nadine hat Spaß am Anfertigen von eigenem Schmuck und erfreut zum Beispiel ihre Freundinnen, Mutter oder Oma damit.

Feder-Anstecker

Material:
Selbst gesammelte Federn (oder im Bettfedern-Reinigungsgeschäft nachfragen), Pinsel in den Größen 1 bis 5, Acrylfarben, Broschennadeln, Klebstoff.

Den Federkiel zwischen Daumen und Zeigefinger nehmen und die Feder in Strichrichtung grundieren. Ein wenig helle Farbe mit Wasser mischen und mit einem Pinsel Nr. 5 flächig auftragen. Wenn die Farbe beim weiteren Bemalen noch feucht ist, erhält man schönere Farbschattierungen. Nach dem Grundieren kann die Feder auch gegen den Strich bemalt werden. Sollte sie sich dabei spreizen, zwischen Daumen und Zeigefinger vom Federkiel aus vorsichtig glatt streichen. Gut trocknen lassen, bevor man auf der Rückseite die Broschennadel anklebt.

Tipp: In einem Bilderrahmen als Wandschmuck und auf kleinen Schachteln kommen diese Federn auch gut zur Geltung. Persönliche Briefe und Einladungen lassen sich mit selbst bemalten Federn individuell gestalten.

Ziernadel

Material:
Hutnadel
Perlen in verschiedenen Größen
transparenter Kraftkleber

Die Perlen zur Probe auf die Hutnadel stecken. Oben am besten mit einer oder zwei kleinen Perlen beginnen, mindestens eine auffällige, große Perle als Blickfang einfügen und darunter aus optischen Gründen mit kleineren Perlen enden. Wenn man sich für das Arrangement entschieden hat, die Perlen wieder von der Nadel abnehmen, etwas Klebstoff auftragen und die erste Perle aufstecken. Die anderen Perlen ebenfalls leicht ankleben – vor allem die letzte Perle muss sicher fixiert sein. (Darauf achten, dass sich die Nadel noch durchs Auffädelloch schieben lässt.)

Ohrringe

Material:
Silberdraht, zwei Stücke à 20 cm, 1 mm dick
zwei silberne Ohrfedern
zwei mittelgroße blaue Glasperlen
zwei kleine grüne Glasperlen
Rundzange oder Kettenzange mit Drahtabschneider

Das Ende eines Silberdrahtstückes mit der Rundzange greifen und um die Zangenspitze herum zu einem engen Bogen biegen. Dann die Zange am Draht entlangführen und diesen dabei nach und nach zu einer gleichmäßigen Spirale formen. Über die Spirale den Draht mit der Zange zweimal zu einem Halbkreis biegen. Den Rest des Drahtes begradigen und eine blaue Perle so auffädeln, dass sie direkt über dem zweiten Halbkreis liegt. Darüber zwei Halbkreise biegen. Zum Schluss mit der Zange das letzte Stück Draht wieder gerade biegen und eine grüne Perle auffädeln. Den Draht 3 mm über der grünen Perle zu einem kleinen Bogen biegen. Eine Ohrfeder einfädeln und den Bogen zu einer Öse schließen. Das Drahtende unter der Öse zweimal um den Draht wickeln. Überschüssigen Draht mit dem Drahtabschneider kürzen. Den zweiten Ohrring genauso anfertigen.

Geschenke für die Schönheit

Kosmetik-Gutschein

Weihnachten steht vor der Tür, und Dieter will endlich wissen, was seine Frau sich von ihm wünscht. Monika überlegt – sie hat doch alles! Aber wie wäre es mit einem Gutschein für Kosmetikbehandlungen – gleich für ein halbes oder ganzes Jahr. Damit würde ihr Dieter ein tolles, luxuriöses Geschenk machen.

Tipp: Durch den Kauf eines Gutscheines verringern sich oft die Preise der Einzelbehandlungen.

Kosmetikproben

In Zeitschriften oder bei Hotelbesuchen fallen eine Menge herausnehmbare Kosmetikproben an. Nadine sammelt diese und legt sie zusammen mit getrockneten Blüten in kleine, durchsichtige Tüten. Ein schönes Mitbringsel für ihre Freundinnen.

Tipp: Die kleinen Tüten gleich so zusammenstellen, dass sie für einen Wochenendausflug, Gang ins Fitnessstudio oder in die Sauna geeignet sind.

Badezusätze

Alte Strumpfhosen werden bei den Spars nicht weggeworfen. Nadine näht daraus kleine, dekorative Säckchen und füllt sie mit getrockneten Kräutern oder Blüten, die man sich ins Badewasser tun kann.

Lipgloss

Lippenstiftreste hebt Nadine auf. Sie schmilzt sie in der Mikrowelle, vermischt sie mit Vaseline und füllt das Ganze in ein kleines dekoratives Glas. So hat sie für sich oder andere einen neuen »Designer Lipgloss«.

26

Honig fürs Bad

Honig gehört in die Küche? Nein, nicht nur. Nadine etikettiert ein Glas flüssigen Honigs neu – als luxuriösen Badezusatz für ihre gestresste Mutter.

Gebastelte Geschenke

Die Nachbarin Frau Ohde hat in ihrer Freizeit schon immer gern gebastelt – und mit den Ergebnissen anderen große Freuden bereitet. Hier eine Auswahl ihrer originellen und praktischen Geschenkideen.

Marienkäfer-Teppich

Material:
Roter Teppichrest von 105 x 80 cm, schwarze und weiße Filzstücke, Klebstoff, Teppichmesser, Schere, Packpapier, Bleistift, Kugelschreiber.

Auf Packpapier einen Schnitt des Motivs anfertigen. Dies geht einfacher, wenn man den Käfer der Länge nach teilt (105 x 40 cm) und nur zur Hälfte zeichnet. Den Schnitt mit Kugelschreiber auf die Teppichrückseite übertragen; dabei wird er in der Teilungslinie wieder verdoppelt, indem man ihn einfach seitenverkehrt auf die andere Hälfte legt. Mit einem Teppichmesser den Käfer entlang der Außenkontur zuschneiden. Hierzu auf einen glatten Untergrund legen, den man nicht beschädigen kann. Punkte, Gesicht und die Teilungslinie der Flügel aus Filz zuschneiden und auf den Teppich kleben.

Tipp: Teppichreste finden Sie sicher noch irgendwo vom letzten Auslegen des Zimmers. Es lohnt sich auch, einen Händler zu fragen, denn beim Verlegen gibt es immer Verschnitt, der meist weggeworfen wird. Auch kleinere Ausführungen solcher Teppich-Tiere wirken sehr schön – zum Beispiel als Wandbehang, der gleichzeitig sogar als Pinnwand dienen kann. Originell und geschmackvoll gestalten lässt sich ein Kinderzimmer auch mit vielen kleinen, verschiedenen Teppich-Tieren, die auf dem Fußboden verteilt werden.

Briefumschläge

Material:
Festes farbiges Papier oder dünnes Tonpapier, Geschenkpapier, Lineal, Bastelmesser, Klebestift, Sticker u.a.

Das fertige Format eines Umschlages beträgt 16 x 22 cm oder bei einem Querformat 12 x 26 cm, also ein Rechteck mit dem entsprechenden Maß auf Papier aufzeichnen. An jede Kante ein Dreieck, das etwa 0,5 cm höher als die halbe Umschlaghöhe ist, zeichnen: An alle 22 cm langen Kanten also ein Dreieck von 8,5 cm Höhe, an die 16 cm langen Kanten von 11,5 cm zeichnen. Damit die Umschlagecken später auch geschlossen sind, wird die Grundlinie zuvor um 0,5 cm verlängert, erst daran schließt sich das Dreieck an. Nach dem Zuschneiden die beiden 16 cm bzw. 12 cm langen Dreiecke nach innen klappen. Eines der beiden verbliebenen Dreiecke an der Außenkante schmal mit Klebstoff einstreichen und über die beiden eingeklappten Dreiecke kleben. Für die rosafarbene Klappkarte einen 15 x 42 cm großen Streifen zuschneiden und von beiden Seiten 10,5 cm nach innen knicken. Das Format beträgt jetzt 15 x 21 cm und passt in den 16 x 22 cm großen Umschlag.

Tipp: Frau Ohde lässt ihre Kinder weißes Papier bemalen und fertigt daraus einen ganz individuellen Briefumschlag. Für die Adresse wird ein Aufkleber benutzt, damit sie auch auf einem farbenfrohen Umschlag gut lesbar bleibt.

Kerzenständer aus Papiermaché

Material:

Alte Zeitungen, Klopapier oder Eierschachteln
Tapetenkleister
1 Kuchenform (z.B. rechteckige Sandkuchenform) oder andere Formen aus der Küche
Teppichmesser
Dispersionsfarbe
feuerfeste Kerzenunterlagen

Aus alten Zeitungen, Klopapier oder Eierbehältern und angerührtem Kleister lässt sich eine breiartige und gut formbare Masse herstellen, aus der man sehr verschiedenartige Gegenstände herstellen kann.

Zuerst das Papier mit Kleister bestreichen und knüllen. Wie eine Hülle um die ausgesuchte Form legen. Dabei Mulden für die feuerfesten Kerzenunterlagen (z.B. leer gebrannte Teelichter) formen. Sobald das Papiermaché trocken ist, vorsichtig von der Form ablösen. Überstehende Reste mit dem Teppichmesser abtrennen. Die Rohform mit Dispersionsfarbe bestreichen und nach dem Trocknen bemalen oder verzieren.

Bildhauen in Gips

Material:
Gips, Holzleim, Schleifpapier, Pinsel, Kaffeedose, Blechschere, Feilen, Schnitz- oder Teppichmesser

Erstarrter Gips ist ein leicht zu bearbeitendes Bildhauermaterial, bei dem man sich nur noch um die figürliche Ausgestaltung zu kümmern braucht. Zur Vorbereitung benötigt man einen Entwurf für die Plastik, damit man sich nach der geeigneten Gussform für den Gipsblock umsehen kann. Viele Gussformen finden sich im Haushalt: Schüsseln, Teller, Plastik- oder Blechdosen, Milchpackungen, Papprollen, Kaffeedosen.

Auch viele Werkzeuge, die man zum Bearbeiten von Gipsblöcken verwenden kann, findet man im Haushalt: z.B. Nägel oder Stricknadeln. Selbst Gabeln oder Kaffeelöffel eignen sich als Schabwerkzeuge.

Gipsmasse in die Gussform einfüllen und erstarren lassen. Nach dem Trocknen (2–3 Tage) die Dose mit der Blechschere aufschneiden. Die Form wird mit der Raspel oder Feile zunächst grob abgetragen. Nun die Form mit Schnitz- oder Teppichmesser und Feilen vorsichtig herausarbeiten. Mit immer feinerem Schleifpapier glatt schleifen. Mit wasserverdünntem Holzleim erhält die Plastik einen marmorartigen Glanz.

Tongefäß aus einer Kugel

Material:
Schwämmchen
Küchenmesser
Modellierholz
Ton

Zum Modellieren und Aufbauen den Ton gut druchkneten. Wichtig ist, dass der Ton weder zu nass noch zu trocken ist. Er darf nicht an den Fingern kleben bleiben, aber er darf auch nicht an der Oberfläche rissig werden, wenn er gebogen wird. In der Hand durch stetiges Hin- und Herrollen aus einem kleinen Tonklumpen eine Kugel formen. Mit dem Daumen vorsichtig ein Loch in die Tonkugel drücken. Mit dem Daumendruck die Seitenwände des Gefäßes hochziehen. Mit dem Modellierholz nachglätten, wenn nötig nachformen. Den oberen Rand mit einem Messer abschneiden und mit den Fingern nachglätten. Mit einem Schwämmchen so lange über das Gefäß streichen, bis es schön glatt ist. Das Schälchen einige Tage trocknen lassen, danach mit Wasserfarben bemalen.

Hühnerbecher fürs Ei

Material:
Modelliermasse, z.B. Fimo, in Weiß und Tonfarben, Emaillelackfarben in Rot und Schwarz, Alufolie, Zeitungspapier, Messer, eventuell weiße Eierbecher
Die Modelliermasse wird durch Kneten in der Hand schön weich. Je weicher sie ist, desto leichter kann man sie verarbeiten. Hühner oder Hasen am besten um einen einfachen weißen Eierbecher herum formen, um die Vertiefung für das Ei richtig hinzubekommen. Es geht aber auch ohne Becher. Probehalber ein Ei in die Vertiefung legen, um zu sehen, ob es hineinpasst. Ohren, Kamm und Beine aus kleinen Wülsten formen, durch

leichten Druck am Körper befestigen. Den Backofen auf 130 Grad vorheizen und das Backblech mit Alufolie auslegen. Alle Teile auf das Blech setzen und etwa 30 Minuten aushärten lassen. Nach dem Abkühlen die Kämme in Rot, die Augen in Schwarz ausmalen. Für einen glänzenden Überzug die Eierbecher zum Schluss noch mit einem für die Modelliermasse geeigneten hochglänzenden Klarlack überziehen.

Schultüten

Frau Ohdes Zwillinge werden eingeschult. Nadine überrascht die Nachbarskinder mit selbst gemachten Schultüten. Dazu nimmt sie alte Plakate oder die Bilder großer Kalenderblätter, die mit lustigen Motiven bedruckt sind, rollt und klebt das feste Papier zu einer Tüte zusammen. In die Spitzen steckt Nadine eine geknüllte Serviette und füllt dann die Tüten mit Schulsachen und Süßigkeiten.

Tipp: In Supermärkten werden manchmal Süßwaren in beschädigten Großpackungen zu Spottpreisen angeboten.

Puzzle

Große Kalenderblätter mit Tier-, Kunst-, oder auch Landschaftsmotiven eignen sich hervorragend zum Herstellen kostenloser Puzzles. Das Blatt auf eine Pappe aufkleben, um ihm mehr Stabilität zu geben, und auf die Rückseite mit Bleistift aufzeichnen, in wie viele Teile man es danach schneiden möchte. Teile dann sorgfältig ausschneiden. In einem schönen Karton oder einer Folie verpacken.

Ansichtskarten eignen sich auch gut als Puzzle – zum Beispiel um Kindern die Langeweile während einer Bahnfahrt zu vertreiben.

Ein Gag ist es, eine Ansichtskarte zu beschreiben, sie zu einem Puzzle zu schneiden und dann in einem Umschlag zu verschicken. Der Empfänger muß puzzlen, um lesen zu können.

Das Vogelhaus kann angestrichen und das Dach mit etwas Moos belegt werden.

Vogelhäuschen

Material:
3 Sperrholzplatten 30 x 30 cm, kleine Nägel, Holzreste (alte Obstkisten), Holzleim.

Zwei Sperrholzplatten so vernageln, daß sie im rechten Winkel zueinander stehen und so das Dach bilden können. Aus den Holzresten für den Boden Stützen in der gewünschten Höhe zusägen und damit das Dach und die dritte Sperrholzplatte als Boden des Vogelhäuschens verbinden. Für einen besseren Halt den Giebel eventuell noch einmal mit zwei Querleisten vernageln. Aus Holzresten kleine Leisten an die Seiten der Bodenplatte nageln, damit diese einen etwas erhöhten Rand bekommt und das Vogelfutter nicht herausfällt.

Das Nagelbrett-Spiel

Material:
Dicke Pappe, ein Holzbrett (Größe eines Frühstückstabletts), Kleber, Nägel, Schere, Handbohrer, eine Holzkugel.

Bei dem Spiel geht es darum, die Kugel durch einen Nagelwald in eines von zwei Löchern zu balancieren, ohne daß die Kugel vom Brett herunterrollt.

In der Form des Bretts ein gleich großes Stück Pappe ausschneiden und mit der Schere an der linken und rechten Schmalseite der Pappe je ein Loch ausstechen, das etwas kleiner sein muß als die Kugel. Danach die Pappe genau auf das Brett aufkleben. Nun die Nägel in unregelmäßiger Reihenfolge vorsichtig 3 bis 4 mm tief in das Brett einschlagen (Löcher vorher mit einem Handbohrer etwas vorbohren).

Mobile

Material:
Zwirn, Mobilestäbe (gibt es in Bastelgeschäften zu kaufen) oder dünne Holzstäbe oder Strohhalme zum Anhängen an die Stäbe: selbstgebastelte Motive aus Papier (z. B. Vögel oder Schmetterlinge), Naturmaterialien wie Muscheln, oder andere kleine Gegenstände (z. B. Glasperlen o.ä.)

An die erste Mobilestange in der Mitte einen Faden zum Aufhängen binden. Jetzt jeweils an jeder Seite der Stangen zwei Motive befestigen oder jeweils einen Faden mit einem neuen Stab, um das Mobile so nach unten hin beliebig zu erweitern. Das Gleichgewicht wird hergestellt, indem man darauf achtet, daß alle Bänder so verschoben sind, daß sich die Mobilestäbe in der Waagerechten befinden.

Für Schreibtisch-utensilien

Geschmackvolle Keramikbecher oder Gläser, die einen Sprung haben, wirft Monika nicht weg. Diese Gefäße eignen sich als dekorative Aufbewahrungsbehälter für Stifte und Lineale auf den Schreibtischen ihres Mannes oder der Kinder.

Geschenke, die man hören, sehen oder lesen kann

Urlaubstagebuch

Marcel hat während des Familienurlaubs heimlich ein Tagebuch geführt. Alle lustigen Episoden hat er mit Zeichnungen illustriert. Seine Eltern sind sehr gerührt, als sie von Marcel zu Weihnachten diese originelle Urlaubserinnerung überreicht bekommen.

Lieblings-geschichten

»Vom Winde verweht«; »Akte X«; »Harry Potter« – jeder hat seine Lieblingslektüre. Ein Auszug mit der Stimme eines geliebten Menschen vorgetragen – ein sehr persönliches Geschenk.

Material:
Aufnahmegerät (Kassettenrecorder, CD-Player, Mini-Disc) mit eingebautem oder extra Mikrofon, Kassetten, bespielbare CDs, Mini-Discs

In einem ruhigen Raum langsam und deutlich lesen. Einige Probeaufnahmen machen, und wenn man dann mit dem Ergebnis zufrieden ist, kann die Aufnahme beginnen.

Urlaubsvideo

Material:
Videokamera
Videokassetten
Computer bzw. ein Videoschneidetisch (muss man nicht selbst haben, denn meist können Freunde einem damit aushelfen)

Nach den Ferien holt der Alltag die Spars schnell wieder ein und lässt die Erinnerungen an die schöne gemeinsame Reise bald verblassen. Wie gut, dass Dieter viele Videoaufnahmen gemacht hat. An einem regnerischen Tag überrascht er seine Familie mit einem Film. Gemütlich sitzen Monika, Marcel, Nadine und Dieter zusammen und erleben die schönen Erlebnisse des letzten Sommers noch einmal.

Lieblingsfilm oder Lieblingsmusik auf Kassette oder CD

Wenn Nadine jemandem aus ihrer Klasse eine Freude machen und dafür kein Geld ausgeben will, nimmt sie dessen Lieblingsfilm oder Lieblingsmusik auf eine alte Kassette auf. Wie der Geschmack des zu Beschenkenden ist, hat sie natürlich längst herausbekommen.

Hör-Kassetten

Der Bedarf der Zwillinge an Hörgeschichten ist unendlich. Erst war es »Benjamin Blümchen«, dann »Sams«, dann die »Prinzen« ... Frau Ohde kauft nur noch selten teure bespielte Kassetten. Sie nimmt statt dessen lieber Geschichten und Musik aus dem Radio (z.B. aus dem Kinderhörspielprogramm) auf. So hat sie immer ein schönes Geschenk für zwischendurch: z.B. wenn es regnet und die Kinder sich drinnen langweilen.

Video statt Kino

»Ich schenke euch einen Kinoabend!«, überrascht Monika ihre Familie. Sie kauft Popcorn, Chips und Cola ein – und holt einen tollen Film aus der Videothek. Der Abend ist gelungen und hat nur ein Zehntel dessen gekostet, was die Familie für einen Gang ins Kino bezahlt hätte.

Das persönliche Kochbuch

Monika Spar sammelt aus jeder Zeitschrift Kochrezepte zum Thema Italien. Nadine nimmt sich heimlich die Zettelsammlung und legt zum Muttertag ein Kochbuch an, ergänzt mit schönen Fotos oder Texten über Italien. Monika ist begeistert von diesem persönlichen Geschenk.

Das eigene Buch binden

Material:
Dekorative Blätter (festes Papier oder Pappe), gewachster Faden, eine stabile Nadel (oder Nähmaschine, die auch grobe bzw. schwere Stoffe durchnähen kann), Stoffstreifen, Textilkleber, Schere

Die eigene Geschichte, eine Sammlung von Rezepten, die eigenen Musikkompositionen werden zu einem besonderen Geschenk, wenn man sie zu einem Buch bindet.

Dazu die Deckblätter auf die Größe der Manuskriptseiten zuschneiden. Das ganze Textbündel auf der linken Seite mit dem gewachsten Faden zusammennähen. Leichter geht es mit der Nähmaschine. Einen Stoffstreifen zuschneiden, der die Fäden und einen kleinen Teil der Rücken- und Vorderseite abdeckt. Den Stoffstreifen mit Kleber bestreichen und damit sauber den linken Buchrücken umkleben.

Das eigene Konzert auf Kassette

Marcels Klavierspiel kann sich inzwischen hören lassen. Seit neuestem improvisiert und komponiert er. Pfiffig wie er ist, nimmt er sein eigenes Spiel auf eine Kassette auf und kopiert diese Aufnahme mehrmals. So hat er für Oma, Tante oder Onkel ein passendes Geschenk.

Kulinarische Geschenke II

Als Hausfrau will Monika ihrer Schwiegermutter in nichts nachstehen. Ob bei einer Party-Einladung, zum Treffen mit einer Freundin oder zum Geburtstag – ihre selbst gemachten kulinarischen Geschenke sind immer sehr beliebt.
Hier eine Rezeptauswahl ihrer Köstlichkeiten:

Eingelegter Schafskäse

Wenn bei Monika Schafskäse auf den Tisch kommt, glaubt jeder, dass sie ihn in einem südländischen Spezialitätengeschäft gekauft hat. Dabei ist es der preiswerte Käse aus dem Supermarkt. Monika legt ihn in Olivenöl mit Knoblauchzehen, Peperoni, Lorbeerblättern, buntem Pfeffer und italienischen Kräutern ein. Er schmeckt toll und lässt sich in einem schönen Glasgefäß als Geschenk aufpeppen.

Eingelegte Champignons

Zutaten:
1 kg frische Champignons
1 Glas gefüllte Oliven
4 Zwiebeln
1/4 l Himbeeressig
1 TL Zucker
1 TL Salz
Kräuter nach Geschmack
1/2 l Sojaöl

Champignons putzen (große Pilze halbieren) und mit Oliven in Gläser schichten. Die Zwiebel schälen und vierteln. Zwiebelviertel, Essig, Gewürze und Kräuter aufkochen und heiß über die Pilze gießen. Das Ganze abkühlen lassen und so mit Sojaöl übergießen, dass alle Zutaten bedeckt sind. Gläser verschließen.

Tipp: Ein hohes Glas auswählen, die verschiedenfarbigen Champignonsorten abwechselnd hineinschichten und schön verpacken.

Eingelegte Knoblauchzehen

Zutaten:
8 Knoblauchzehen
1 bis 2 Zweige Rosmarin
1 Peperoni
1/2 l Sojaöl

Die Knoblauchzehen schälen und zusammen mit den Rosmarinzweigen und der Peperoni in ein Glasgefäß geben. Das Sojaöl aufgießen, das Glas luftdicht verschließen, etwa acht Tage durchziehen lassen.

Tipp: Die Knoblauchzehen lassen sich geschmacklich verändern, wenn man statt des Sojaöls Distelöl, Sonnenblumenöl oder Olivenöl verwendet. Auch der Zusatz von kleinen Kräuterzweigen wie Thymian, Rosmarin oder Oregano bringt Abwechslung. Am besten gleich drei verschieden große, hübsch geformte kleine Glasgefäße auswählen und die Zehen in drei unterschiedlichen Geschmacksrichtungen ansetzen.

Käsetopf aus Frankreich

Zutaten:
1 Zwiebel
400 g verschiedene französische Käse aus Kuh- und Schafsmilch
15 Wacholderbeeren
2 Zweige getrockneter Rosmarin
1 Zweig Thymian
1 EL weiße und schwarze, grob zerstoßene Pfefferkörner
2 Lorbeerblätter
3 Chilischoten
3/4 l Sojaöl

Die Zwiebeln schälen und grob zerteilen. Den Käse in große Stücke schneiden und zusammen mit den Kräutern und Gewürzen in ein Glasgefäß schichten. Mit Öl aufgießen, bis alle Zutaten bedeckt sind. Der Käse ist nach einer Woche durchgezogen und fertig zum Verzehr. Im Kühlschrank hält er sich mehrere Wochen lang.

Tipp: Ein Glas mit Korkverschluss oder Glasdeckel als Verpackung für den Käse auswählen. Einige getrocknete Kräuterzweige, etwa Thymian und Rosmarin, mit einem farblich passenden dünnen Band oben an das Glas binden. So duftet das Geschenk richtig nach Sommer!

Würz- und Kräuteröl

Zutaten:
Basilikumöl:
1 Bund oder 1 Tropfen Basilikum
1/2 l Sojaöl
Thymianöl:
1 großes Bund Thymian
1/2 l Sojaöl

Das Basilikum waschen, gut trocken tupfen und in eine Glasflasche mit Verschluss geben. Das Sojaöl darübergießen, die Flasche gut verschließen und mindestens fünf Tage stehen lassen. Den Thymian waschen, abtropfen lassen und gut trocken tupfen. Die ganzen Stengel in eine gut zu verschließende Flasche geben und mit dem Sojaöl übergießen. Flasche verkorken und mindestens fünf Tage stehen lassen.

Tipp: Eine weitere Variante ist Knoblauchöl.
Auf 1/2 l Sojaöl kommen 5 Knoblauchzehen, die in Scheiben geschnitten oder geviertelt werden. In eine schöne Flasche füllen – fertig ist das Geschenk.

Kräuteressig brauen

Im Keller hat Monika eine Sammlung von wunderschönen kleinen braunen Flaschen, die sie zum Beispiel für selbst gemachten Kräuteressig verwendet. Dafür mischt sie 100 ml Essigessenz und 400 ml Weinreste, kocht das Ganze auf und füllt es in die (Piccolo-) Flaschen. Sie gibt verschiedene Kräuter, Zitronenmelisse, Dill und Estragon dazu. Selbst gemachter Kräuteressig kommt auch als Geschenk sehr gut an. Zu diesem Zweck dekoriert Monika die Flaschen mit kariertem Stoff oder zur Jahreszeit passend.

Früchte in Alkohol

Zutaten:
(für zwei Gläser)
1 große Ananas von mindestens 1 kg
2 Orangen (Schale unbehandelt)
2 Limetten (Schale unbehandelt)
1/2 Zitrone (Schale unbehandelt)
250 g Zucker
1 Stück Zimtstange
4 EL Wasser
0,7 l brauner Rum (54 % Vol.)

Die Ananas schälen, vierteln und den holzigen Strunk herausschneiden. Das Fruchtfleisch in Stücke teilen. Die Orangen, die Limetten und die Zitronen unter heißem Wasser sehr gut abbürsten und in Scheiben schneiden. Den Zucker mit der Zimtstange und dem Wasser aufkochen, bis der Zucker geklärt ist. Dann die Früchte hineingeben. Etwas abkühlen lassen. Den Rum darunterrühren und vollständig erkalten lassen. Den Fruchtpunch in vorbereitete Gläser füllen und gut verschließen. Mindestens zwei bis drei Wochen ziehen lassen und alle zwei bis drei Tage einmal kräftig durchschütteln. Dunkel gestellt aufbewahren.

Kuchen selbst backen

Ein selbst gebackener Kuchen ist zu jedem Anlass ein willkommenes Geschenk, kostet nur einen Bruchteil von gekauftem – und schmeckt meist auch besser.

Gratisgeschenke

Gratispostkarten

Ansichtskarten sind teuer. Inklusive Porto kostet ein Kartengruß um die zwei Mark. In vielen Städten liegen Gratispostkarten (vor allem mit Künstlermotiven) in Restaurants und Kultureinrichtungen aus. Wenn Nadine mit Freunden auf die Piste geht, bringt sie immer einen Stapel Postkarten mit nach Hause. Mit passenden Briefumschlägen legt sie sie in einen schmuckvollen Karton – ein schönes und brauchbares Geschenk zu vielen Anlässen.

Plastikflaschen-kegel

Niemand von den Spars würde es wagen, Wasser oder Cola in Plastikflaschen zu kaufen, denn keiner will es sich mit der umweltbewussten Nadine verderben. Fällt doch einmal eine leere Plastikflasche im Haushalt an, wandert diese nicht in den Müll, sondern wird von Marcel mit Sand gefüllt. Wenn er einen kostenlosen Satz Kegel zusammengestellt hat, schenkt er ihn Nachbars Kindern zum Spielen.

Talkshows

Monika ist happy. Sie hat es geschafft, für Oma Spar eine kostenlose Zuschauerkarte für deren Lieblings-Talkshow zu bekommen. Endlich kann Oma ihren Lieblingsmoderator hautnah erleben und wird sicherlich noch Wochen später davon erzählen ... Ein schönes Geschenk. (Jeder kann sich bei einer Talkshow als Zuschauer bewerben, denn wie würde ein Studio ohne Publikum wirken?!)

»Zu verschenken«

»Zu verschenken«; »Die gute Tat«; »Geschenkbörse« – in Zeitungen und Zeitschriften, Anzeigentafeln in Supermärkten, Annoncenblättern und im Internet werden täglich Kleinanzeigen veröffentlicht, in denen Kostenloses angeboten wird. Erst dort nachsehen, bevor man ins Geschäft geht, um Geld auszugeben!

Untersetzer

Vom Hausbau sind noch wunderschöne dekorative Kacheln übrig geblieben. Monika klebt ein Stück Filz darunter. Die hitzebeständigen Unterlagen nimmt sie als Geschenke für Frauen zu den verschiedensten Gelegenheiten.

Probeabos

Zeitungs- und Zeitschriftenverlage locken oft für ihre kostenlosen Probeabonnements mit einem schönen, praktischen Geschenk. Monika ist Meisterin im Probelesen. Die meist sehr geschmackvollen und modernen Uhren, Taschenrechner oder Schreibutensilien, die sie gratis dazu bekommt, verschenkt sie zu gegebenen Anlässen an Freunde oder Verwandte. (Kündigungsfristen einhalten, sonst hat man sich ein Abo eingehandelt!)

Puppenwäsche

Puppenkleider, Gardinen oder Bettwäsche fürs Puppenhaus sind teuer. Oma Spar hat dafür nie viel Geld ausgegeben, sondern alles für ihre Tochter und später auch Enkeltochter selbst genäht – aus alten Blusen und Oberhemden.

Kerzen (fast gratis)

Nadine sammelt Kerzenreste, schmilzt sie ein und gießt aus dem Wachs neue Kerzen. Als Formen nimmt sie zugeschnittene Plastikflaschen oder Dosen. (Nur die Dochte kauft sie neu.)

Kleine Abfalleimer

Marcel überrascht in diesem Jahr zu Weihnachten alle seine Familienangehörigen mit den gleichen »kostbaren« Geschenken: Tischabfalleimer ...

Dazu schneidet er leere Plastikflaschen in der Mitte durch und beklebt die unteren Teile dekorativ für jeden seiner Lieben in passender Weise. Dieter wird sich sein Eimerchen auf die Werkbank stellen, Nadine auf den Schreibtisch, Monika an die Nähmaschine, Oma Spar (wie im Drei-Sterne-Hotel) auf den Frühstückstisch ...

Dekorative Geschenke

Gerahmte Kalenderblätter

Ein Jahr ist vergangen und damit der schöne Janoschkalender der Kinder unaktuell geworden. Nicht wegwerfen!

Wenn die Zwillinge zu Kindergeburtstagen eingeladen sind, versieht Frau Ohde Kalenderblätter mit Wechselrahmen (vorher schneidet sie die Datumsteile ab). So entstehen mit wenig Aufwand Geschenke fürs Kinderzimmer. Im Posterladen würde man für eines dieser gerahmten Bilder eine Menge Geld bezahlen. Und ein Kalender hat *zwölf* Blätter!

Tischdekoration

Nachdem Nadine erst Sängerin und dann Tierärztin werden wollte, möchte sie nun den Beruf der Dekorateurin erlernen. Als ihre Eltern wichtige Gäste zu einem Essen eingeladen haben, überzeugt Nadine alle von ihrem »Deko-Talent«. Sie verziert den Esstisch mit allem, was die Jahreszeit bietet. Im Herbst können das zum Beispiel bunte Blätter und Zweige sein. Solche Dekorationen kosten kein Geld und sind sehr stilvoll.

Gießkannen

Geschmackvolle Gießkannen sind teuer, und Monika bräuchte in ihrem Haus mehrere davon, um all ihre Topfpflanzen mit abgestandenem Wasser versorgen zu können. Nadine kauft auf dem Flohmarkt für wenig Geld schöne alte Kaffeekannen aus Porzellan und schenkt ihrer Mutter diese zum Gießen ihrer Pflanzen.

Monika hat bei der Innengestaltung ihres Reihenhauses viele gute, dekorative Ideen umgesetzt. Hier einige Tipps für schmückende Details, die sich auch als Geschenk eignen:

Glasbilder

Material:
Zwei gleiche Fotos, Glasscheiben mit Loch (in jedem Bastelgeschäft erhältlich), farbloser Nagellack, Flüssigkleber, Schere, Nylonfaden

Eine Glasscheibe so auf das Foto auflegen, daß sich der gewünschte Bildausschnitt darunter befindet. Das zweite Foto unter der anderen Glasscheibe genauso anordnen. Die Vorderseiten der Fotos mit farblosem Nagellack überziehen (farbloser Nagellack deshalb, weil man ihn im Gegensatz zu Klebstoff hinter einer Glasscheibe nicht sieht, er aber einen ähnlichen Klebeeffekt hat). Jetzt die Fotos auf die Glasscheiben drücken. Die Löcher zum Aufhängen des Bildes als Richtpunkt nehmen. (Herauslaufenden Nagellack sofort wegwischen.) Wenn der Nagellack getrocknet ist, die Rückseiten der Fotos mit Flüssigkleber bestreichen und zusammenfügen, wobei die beiden Löcher genau übereinander liegen müssen. Den Nylonfaden auf die gewünschte Länge zuschneiden, durch das Loch ziehen und die beiden Enden verknoten.

Kerzen aus Bienenwachs

Material:
1 Bienenwachsplatte (in Bastel- und Kerzenläden erhältlich)
1 Docht
1 Schere

Zuerst den Docht zuschneiden: Er sollte einige Zentimeter länger als die Schmalseite der Wachsplatte sein. Von der Wachsplatte eine kleine Ecke zum Fixieren des Dochtes abbrechen. Dann die Schmalseite der Wachsplatte über den Docht drücken. Das Blatt vorsichtig aufrollen. An beiden Enden soll ein gerader Abschluss entstehen. Zuletzt die Kante so fest andrücken, daß sie sich nicht mehr lösen kann. Den Docht auf etwa

1,2 cm kürzen. Das Wachsstückchen am Dochtansatz zwischen die Wachslagen drücken, um den Docht in Position zu halten.

Kalender

Material:
Dauerkalender zum Selbstgestalten (in Bastelgeschäften und Kaufhäusern erhältlich), Fotos, Stifte, Schere, Flüssigkleber, Krepppapier

Für jeden Monat ein passendes Bild aus der vorhandenen Fotosammlung heraussuchen und zuordnen. Oder extra passende Fotos für den Kalender anfertigen, denn so können mit mehreren Abzügen je Motiv gleich mehrere Kalender für verschiedene Verwandte oder Freunde gestaltet werden.

Ein Baum aus Salzteig

Material:
Für den Teig: zwei Tassen Mehl, zwei Tassen Salz, eine Tasse Wasser, zwei Esslöffel Kleister
Küchenmesser, Schere, Draht, Alufolie, Farben, Klarlack, Pinsel, Zahnstocher

Aus Mehl, Salz, Wasser und Kleister einen Salzteig herstellen und auf Alufolie 1 cm dick ausrollen. Hat die Teigplatte die gewünschte Größe, in einer ovalen Grundplatte zuschneiden. Nun für die Aufhängung eine Öse aus Draht formen, von hinten in den Teig drücken und mit kleinen Teigplättchen abdecken. Stamm und Äste des Baumes formen und die Teile durch Bestreichen mit Wasser mit der Grundplatte verbinden. Um die plastische Wirkung zu unterstreichen, einige Äste in den Raum ragen lassen und mit Zahnstochern abstützen. Sind die Hölzer sichtbar, mit etwas Teig abdecken. Blätter und Früchte modellieren. »Eingerahmt« wird das kleine Kunstwerk von einem einfachen Wulst in Plattenstärke. Das Bild ein bis zwei Tage trocknen lassen, bevor es im Ofen gebacken wird. Im Elektroherd beträgt die Trockenzeit eine Stunde pro 0,5 cm Stärke: bei zunächst 75 Grad, eine weitere halbe Stunde bei 100 Grad und eine letzte halbe Stunde bei 125 Grad. Das Bild bemalen und nach dem Trocknen mit Klarlack überziehen.

Quadratische Collage

Material:
Vier Rahmenleisten aus Holz von je 45 cm Länge, 1 Rückwand von 40 x 40 cm, Holzleim, Steckmoos, getrocknete Pflanzen und Blütenstände nach Wahl, Kleber, Messer

Die Holzleisten beim Tischler an allen Enden auf Gehrung zuschneiden lassen. Leisten und die Rückwand mit dem Holzleim zusammenkleben. Alle Teile fest aneinander drücken, damit sich beim Trocknen keine Stelle lösen kann. Nach dem Zusammenbau des Rahmens Steckmoos in unterschiedlichen Höhen auf die Rückwand kleben, damit das Gesteck später wie ein richtiges Relief wirkt. Das Moos lässt sich ganz leicht mit einem scharfen Messer zerteilen. Das Trockenmaterial in kleinen Flächen auf einer Arbeitsplatte vorordnen, damit ein erster Eindruck von der Collage entsteht. Nun die Hälfte des Hintergrundes mit einzelnen Blüten und Blättern bekleben. In den unteren Teil des Rahmens die kurz abgebrochenen Stiele der Trockenpflanzen eindrücken.

Wenn Nadine eingeladen ist, verschenkt sie gern:

Schwimmende Kerzen

Rosa und Rosa

Rosa Rosen und Teelichter, farblich genau aufeinander abgestimmt, in einer schlichten transparenten Schale schwimmen lassen.

Weiß und Blau

Inmitten eines Blütenkranzes aus Margeriten eine einzelne (oder drei) blaue Schwimmkerze in ein Keramikgefäß geben.

Grün und Weiß

Efeublätter umranken eine weiße Schwimmkerze in einer gläsernen Schale.

Schöne Drucke

Oma Spar liebt ihren alten gerahmten Druck mit der Abbildung von Danzig. Monika kauft im Antiquariat (oder auf dem Flohmarkt) für wenig Geld einen alten Bildband über Omas Geburtsstadt, trennt die schönsten Drucke heraus und rahmt sie. Oma Spar ist selig, weil sie sich nun eine ganze Wand mit Ansichten ihrer Heimatstadt gestalten kann.

Trinkbecher – ganz persönlich

Material:
Ein weißer oder anders einfarbiger Trinkbecher, Porzellanfarbe, Pinsel

Im Sonderangebot gibt es oft einzelne geschmackvolle Becher oder Tassen aus Porzellan zu kaufen. Mit Porzellanfarbe kann man den Namen, einen lustigen Spruch oder ein Lebensmotto – passend zu demjenigen, der beschenkt werden soll – auf den Becher bringen. Eignet sich besonders gut für Kollegen im Büro.

Fensterbilder

Material:
Window-Color – Farben und Malset

Mit Window-Color kann man Fensterbilder malen – und verschenken. Gemalt wird auf einer dafür vorgesehenen Folie mit Hilfe von Schablonen und Malvorlagen oder aber ganz individuell. Wenn die Bilder getrocknet sind, kann man sie von der Folie abziehen und ans Fenster kleben: in Küche, Kinderzimmer- oder Badezimmer, an die Haustür, ins Auto oder im Büro. Zu bestimmten Anlässen wie Weihnachten, Ostern oder Geburtstag sind Fensterbilder beliebte Dekorationen.

Geschenke, die helfen

Kleine Meisterwerke

Wände in neuen Büros, Warteräumen, Spielzimmern können sehr kahl sein. Frau Ohde sammelt die schönsten selbst gemalten Bilder ihrer Zwillinge und verschenkt sie zu den verschiedensten Gelegenheiten – zum Beispiel zur Ausgestaltung des neuen Bürgertreffs im Wohngebiet. Kleine Meisterwerke von Kindern sind Originale, kostenlos und schöner als jeder Druck.

Flohmarkt in der Stadtbücherei

Mehrmals im Jahr finden in den Stadtbüchereien Flohmärkte statt. Die ausgemusterten Bücher, die es dort zu kaufen gibt, sind meist gar nicht veraltet und eignen sich zum Teil noch gut als Geschenk. Von den Kinderbüchern (pro Stück für oft nur eine Mark) kauft Frau Ohde eine Kiste und spendiert sie der Hortgruppe, der auch ihre Zwillinge angehören.

Gutschein-Geschenke

Jeder kann sich selbst verschenken – in Form von Gutscheinen über Leistungen, die er (ohne Geld ausgeben zu müssen!) erbringen kann: Babysitten, Hilfe beim Frühjahrsputz oder die Gestaltung und Bepflanzung eines Balkons.

Nadine ist knapp bei Kasse, als ausgerechnet Mutters Geburtstag bevorsteht. Sie malt einen lustigen Gutschein, auf dem sie versichert, in den nächsten zwölf Monaten dreißigmal zu bügeln. Monika freut sich sehr über das Geschenk ihrer Tochter, denn nun braucht sie ein Jahr lang nicht mehr zu bügeln!

Bastelmaterial

Auf dem Elternabend ihrer Zwillinge hat Frau Ohde erfahren, dass es im Hort stets an Bastelmaterial mangelt. Dabei fallen viele Dinge, die man mit Kindern verbasteln könnte, täglich in jedem Haushalt an. Frau Ohde legt sich eine Kiste zu, in der sie ab jetzt brauchbare Materialien sammelt und später der Erzieherin übergeben wird: Geschenkpapier, Pappe, Metalldraht, Toilettenpapierrollen, Werbeprospekte, Streichholzschachteln und vieles mehr.

Spielzeugkisten

Plastikbausteine, Holzsteine, jede Menge anderes Spielzeug müssen jeden Tag sortiert und weggeräumt werden. Frau Ohde holt stabile Kartons aus dem Supermarkt (z.B. Bananenkartons mit Deckeln und Griffen) und gestaltet diese phantasievoll. Zum Bekleben der Außenwände nimmt sie zum Beispiel Kalenderblätter, Kinderzeichnungen oder auch Geschenkpapier. Ein praktisches und helfendes Geschenk für jede Kindergruppe.

Kladdepapier

Einseitig beschriebene Blätter wirft Frau Ohde nicht mehr in den Papierkorb, sondern sammelt sie. Die leeren Rückseiten eignen sich hervorragend als Mal-, Bastel- oder Kladdepapier in der Schule oder im Hort, wo meist ständiger Papiermangel herrscht.

Möbel – gratis

In Nadines Schule soll für die Jugendlichen ein Discokeller eingerichtet werden. Monika als Elternratsmitglied hat diesen Beschluss mit durchgesetzt. Doch woher die notwendigen Möbel nehmen? Ein Vater erzählt von Recyclinghöfen. Dort gibt es oft gut erhaltene Möbel (auch für zu Hause) gratis. Adressen sind im Telefonbuch zu finden. Nun muss nur noch der Transport organisiert werden.

Der besondere Müllbehälter

Waschmitteleimer kann man gut bekleben (mit Kalenderblättern, Landkarten, Geschenkpapier) und als Papierkörbe oder Aufbewahrungsbehälter in Klassenräumen, Kinderzimmern, Werkstätten benutzen. Je nach Verwendungszweck das Papier zum Bekleben aussuchen.

Verkleidungskiste

Regelmäßig sortiert Monika ihren Kleiderschrank aus. Was sich noch verkaufen lässt, bietet sie im Secondhandshop oder auf dem Flohmarkt an. Was aber wirklich zu altmodisch geworden ist, wandert in die Klamottenkiste in Nachbars Kindergarten. Die Kleinen dort lieben es, sich mit den alten Hüten und Kleidern der Erwachsenen zu verkleiden.

Die gute Tat

Nadine und Marcel wachsen ständig aus ihren Sachen heraus. Die Geschwister haben beschlossen, ihre Sachen zu verschenken – an gemeinnützige Einrichtungen wie Heime, die die getragenen Sachen wieder aufarbeiten und zu Geld machen und sich mit dem Erlös ihren Alltag schöner gestalten können. (Die Adressen von solchen Einrichtungen stehen im Branchenbuch.)

Ordner für Bedienungsanleitungen

Immer diese Aufregung im Hause Spar, wenn Monika und Dieter wieder einmal verzweifelt nach einer ganz bestimmten Bedienungsanleitung suchen. Nadine hat *die* Geschenkidee: Sie legt ihren Eltern als Überraschung einen Ordner an, in dem endlich alle Anleitungen für Videorecorder, Waschmaschine und Anrufbeantworter beisammenbleiben.

Alte Schminke

Einmal im Jahr sortieren Nadine und Monika Schminke aus, die sie nicht mehr benutzen. Sie geben sie mit in den Hort der Ohde-Zwillinge, damit die Kinder beim Verkleiden noch mehr Spaß haben. (Bitte aufs Haltbarkeitsdatum achten!)

Wolle – gratis

Handarbeitsunterricht, Projektwochen, Bastelnachmittage – immer wieder wird in der Schule Wolle benötigt. Frau Ohde trennt vorsichtig alte, selbst gestrickte Pullover auf, wickelt die Wolle auf Lagen, wäscht und trocknet sie vorsichtig und wickelt sie auf Knäule. Jetzt haben ihre Kinder und deren Mitschüler genug Material, welches sie verstricken oder verbasteln können.

Zettelkasten

In Marcels Klassenzimmer fehlt ein Ablagesystem für diverse Zettel und Materialien. Monika sammelt Cornflakes-Kartons, schneidet auf einer Seite die Ecken schräg ab und beklebt die Kartons neutral oder thematisch passend zu dem, was darin abgelegt werden soll. Marcels Mitschüler werden bald allesamt Cornflakes-Esser, denn sie sind begeistert vom kostenlosen Ablagesystem und werfen von nun an auch zu Hause keine Kartons mehr weg.

Die Tür als Tisch

Alte, glatte Türen gibt in der Reihenhaussiedlung der Spars niemand auf den Spermüll, denn sie eignen sich bestens als Arbeits-, Spiel-, Bastel- oder Nähtisch. (Auf ein Podest aus Ziegelsteinen oder zwei schmalen Containern legen.)

Wissen zu verschenken!

Fast jeder hat ein spezielles Fachgebiet, in dem er sich besonders gut auskennt. Warum sein Können nicht zum Geschenk machen?! Monika freut sich über eine Bewerbungshilfe und verschenkt dafür einen Kurs in Gartenpflege. Dieter schenkt Frau Ohde einen Kurs am Computer. Dafür frischt Frau Ohde die Italienischkenntnisse der Spars auf, bevor sie in die Toskana fahren.

Kulinarische Geschenke III

Immer wieder kommt es vor, dass Monika so viel Obst im Haus hat, dass es zu verderben droht. Sie hat sich schon längst angewöhnt, daraus Marmelade zu kochen – auch in kleinen Mengen. Man braucht nur noch etwas Gelierzucker dazu. Die Konfitüre schmeckt besser als jede gekaufte und eignet sich bestens als Geschenk.

Himbeer-Konfitüre

Zutaten:
1 kg Himbeeren
1 kg Gelierzucker
Saft und Schale einer Zitrone
1 Gläschen Himbeergeist

Die Himbeeren gut verlesen – nach Möglichkeit nicht waschen –, mit Gelierzucker vermischen und drei bis vier Stunden zugedeckt ziehen lassen.

Mit dem Zitronensaft und der abgeriebenen Zitronenschale zum Kochen bringen und vier Minuten sprudelnd kochen lassen.

Den Himbeergeist einrühren, in Gläser füllen und sofort verschließen.

Süßkirsch-Konfitüre mit Grapefruit

700 g Süßkirschen
1 große Grapefruit
1 kg Gelierzucker

Die gewaschenen und abgetropften Kirschen entstielen, entsteinen und gründlich zerkleinern. Die Grapefruit schälen, dabei die weiße Haut entfernen, das Fruchtfleisch in kleine Stückchen schneiden. Alles mit Gelierzucker vermischen, unter Rühren zum Kochen bringen und vier Minuten sprudelnd kochen lassen. In Gläser füllen und sofort verschließen.

Erdbeer-Konfitüre mit oder ohne »Schuss«

1 kg Erdbeeren
Schale einer Orange
1 kg Gelierzucker
evtl. 3 EL Cointreau

Die Erdbeeren waschen, sorgfältig von Blättchen und Stielen befreien und gründlich zerdrücken. Die abgeriebene Schale der Orange zufügen, mit dem Gelierzucker vermischen und unter Rühren zum Kochen bringen, vier Minuten sprudelnd kochen lassen. Wenn man will, den Cointreau einrühren und die Konfitüre in Gläser füllen und verschließen.

Heidelbeer-Konfitüre

1 kg Heidelbeeren
1 kg Gelierzucker
Saft einer Zitrone

Die Heidelbeeren verlesen, waschen und abtropfen lassen. Mit Gelierzucker vermischen und zwei bis drei Stunden ziehen lassen. Dann den Zitronensaft zufügen und unter Rühren zum Kochen bringen, vier Minuten sprudelnd kochen lassen. In Gläser füllen und verschließen.

Stachelbeer-Wein-Gelee

3/4 l Stachelbeersaft
1/2 l Weißwein
1 kg Gelierzucker

Stachelbeeren ohne Zucker dampfentsaften oder mit wenig Wasser weich, aber nicht musig kochen lassen. Saft durch ein Tuch ablaufen lassen. Den kalten Saft mit Weißwein und Gelierzucker vermischen und unter Rühren zum Kochen bringen, vier Minuten sprudelnd kochen. In Gläser füllen und verschließen.

Gemischte Beeren-Konfitüre

1 kg rote, weiße und schwarze Johannisbeeren, Himbeeren und reife Stachelbeeren
1 kg Gelierzucker

Die Früchte waschen, entstielen, leicht zerdrücken (Stachelbeeren mit dem Schneidstab zerkleinern oder durch den Fleischwolf drehen) und mit Gelierzucker vermischen. Alles unter Rühren zum Kochen bringen und vier Minuten sprudelnd kochen lassen. In Gläser füllen und verschließen.

Festliche Geschenke

Einladung zum Galadiner

Beim Einzug ins neue Haus hatten die Spars viele freiwillige Helfer. Es ist an der Zeit, sich endlich zu bedanken. Monika lädt zu einem Vier-Gänge-Menü ein (Rezepte siehe das Eichborn-Buch »Aldidente«). Dieter druckt kleine Menükarten. Monika deckt den Tisch stilgerecht – mit Platztellern, Brottellern, Buttermessern – wie in einem erstklassigen Restaurant. Sektkühler (leiht Monika sich von den Nachbarn) und Jahreszeitenarrangement dürfen auch nicht fehlen.

Auktionen

Monika sucht seit langem nach einem antiken Spiegel für ihren Flur. Dieter schenkt seiner Frau zum Geburtstag einen »Ausflug« ins Auktionshaus. Monika verliebt sich in einen traumhaften Spiegel und ersteigert ihn. Die ganze Atmosphäre während der Auktion ist für sie ein besonderes Erlebnis.

(Vor Versteigerungen finden Vorbesichtigungen statt. Also auf jeden Fall vorher die Sachen begutachten und sich gleich eine Höchstgrenze setzen, die man beim Ersteigern nicht übertreten will.)

Schnittchen

Eigentlich wollte Oma Spar zum 70. Geburstag für ihre Gäste Canapés (kleine belegte Schnitten) bestellen, doch ihre Schwiegertochter hat sie davon abgehalten. Monika belegt mehrere Platten mit kleinen verschiedenen Brotsorten dekorativ mit Käse, Schinken, Salat und Trauben. Das ist ein gutes Geschenk, macht Spaß und kostet einen Bruchteil der gelieferten Schnittchen.

Selbst gebackenes Brot

Wenn Frau Ohde auf eine Party eingeladen ist, nimmt sie statt der herkömmlichen Flasche Wein gern ein selbst gebackenes Brot als Mitbringsel mit. Rezepte dazu findet sie in der Bücherei.

Knallbonbons

Jedes Jahr die gleichen langweiligen Sprüche, Witze und Plastikringe, die aus den teuren Knallbonbons herausfliegen ...

Nadine bastelt für ihre Silvestergäste die Knallbonbons selbst. Dazu sammelt sie vorher für ihre Freunde kleine Schätze und schreibt passende Sprüche auf, die sie dann in einem Stück Papier aufrollt und in eine leere Toilettenpapierrolle schiebt. Danach klebt sie den Zünder fest (das Einzige, das man für selbst gemachte Knallbonbons kaufen muss) und umklebt alles dekorativ mit Papier. Die Freunde werden staunen!

Verpackungen für Geschenke

Stoffreste

Wie macht sie das nur? Oma Spars Geschenke sind immer die am schönsten eingepackten. Statt Papier nimmt Oma Stoffreste und schneidet diese mit der Zackenschere zu, damit die Ränder nicht zerfransen.

Alte Plakate und Landkarten

Nach dem Umzug ins neue Haus haben Monika und Dieter ihre alten Plakate und Landkarten aus der vorherigen Wohnung nicht wieder an die Wände gehängt. Monika bewahrt sie aber auf und benutzt sie später als Geschenkpapier. Vor allem wenn man große Kartons damit verpackt, sieht das sehr originell aus.

Netze vom Obsteinkauf

Apfelsinennetze kommen bei Monika nicht in den Müll. Sie legt sie in ihren Karton mit Schleifenbändern und dekoriert später damit Geschenke.

Nie mehr Geldausgeben für Geschenkanhänger

Weihnachtskarten, Osterkarten, Geburtstagskarten – davon flattern übers Jahr eine Menge ins Haus. Die Spars werfen sie nicht weg, sondern basteln daraus Geschenkanhänger. Auch Lesezeichen, Briefpapier oder dekorative Notizkarten kann man aus alten Karten herstellen.

Geschenkpapier wiederverwenden

Geschenkpapier aufbewahren! Vorsichtig zusammenfalten oder um eine Papprolle wickeln.

Schleifen

Schleifen (besonders für große Geschenke) sollten breit und sehr lang sein. Oma Spar schneidet dafür eine alte bunte Bluse (oder ein Herrenhemd) auseinander. So hat sie meterweise kostenloses Schleifenband.

Einladungskarten

Marcel möchte zehn Kinder zu seinem Geburtstag einladen. Die Einladungskarten allein würden schon mehr als zehn Mark kosten. In einer gemütlichen Bastelstunde fertigen Monika und Marcel die Einladungen selbst an. So kosten die Karten fast nichts und sehen viel origineller aus.

Ein großer, bunter Blumenstrauß

Jedes Jahr steht Nadines Klasse vor dem gleichen Problem: Was sollen die Schüler ihrer Klassenlehrerin zum Geburstag schenken? In diesem Jahr haben die Jugendlichen eine besondere Idee: Jeder von ihnen bringt eine langstielige Blume mit und überreicht sie der Lehrerin. So hat sie einen großen, bunten und originellen Strauß, der außerdem ein sehr persönliches Geschenk ist (und die Schüler fast kein Geld gekostet hat).

Noch mehr Tipps rund ums Schenken

Sagen, was man braucht

Früher waren Oma Spars Geschenke für Monika meistens keine angenehme Überraschung. Das Schlimmste daran war, dass Monika die Dinge nicht einfach verschwinden lassen konnte, weil Schwiegermutter sich garantiert eines Tages nach dem Verbleib des hässlichen Nachthemdes oder der kitschigen Vase erkundigen würde. Inzwischen hat Monika den Mut, sich auch zu größeren Anlässen etwas von Oma zu wünschen. Etwas, was sie *wirklich* braucht und sich selbst bisher nicht leisten wollte. Solche Geschenke machen nicht nur die Schwiegertochter, sondern auch die Schwiegermutter glücklich. Denn keine hat mehr das Gefühl, dass Geld hinausgeworfen wurde.

Schenk-Gemeinschaften

Frau Ohdes Eltern haben Silberhochzeit und feiern ein großes Fest. Was soll man ihnen schenken? Das Einzige, worüber sich das Silberpaar so richtig freuen würde, ist eine schöne Reise. Frau Ohde gründet eine Geschenke-Gemeinschaft. Wenn alle geladenen Gäste zusammenlegen, kommt das Geld für die Reise schnell zusammen (und wird nicht für unnütze oder doppelte Geschenke vergeudet).

Eis

Im Sommer ist Spars Garten sehr beliebt bei Marcels Schulfreunden, denn seine Mutter hat immer für alle Kinder ein leckeres Eis im Kühlschrank. Sie friert zum Beispiel Apfel-, Ananas- oder Orangensaft in Eiswürfelbehältern ein und steckt vor dem Festwerden einen Stiel hinein. Solch ein Eis schmeckt Kindern prima und kostet viel weniger als gekauftes Eis.

Alte Ölbilder

Dieter und Monika haben auf dem Flohmarkt ein Ölbild als Geschenk zur Einweihungsparty eines Kollegen gefunden. Zum Auffrischen der Farben reiben sie das Bild mit einer halbierten Kartoffel vorsichtig ab und wischen mit einem Tuch etwas nach. So kann man auf den teuren Profireiniger verzichten.

Dankeschön für Umzugshilfe

Den Einzug ins Reihenhaus bewältigten die Spars nicht mit einem teuren Umzugsunternehmen, sondern mit Freunden und Bekannten. Wie sich bei diesen freiwilligen Helfern bedanken? Die Spars boten alle Möbel und Haushaltsgegenstände, die noch gut erhalten, aber im neuen Zuhause nicht mehr unterzubringen waren, als Geschenk an. Und so zog nach dem Umzug jeder Helfer glücklich mit etwas Brauchbarem (Schuhschrank, Lampe oder Jalousie) nach Hause.

Kinderzeichnungen

Als Nadine klein war, hat sie jeden Tag mindestens drei Bilder gemalt. Monika hat die schönsten »Gemälde« über Jahre in einer Mappe gesammelt. Diese Sammlung überreicht sie ihrer Tochter, wenn diese erwachsen ist. Übrige Bilder warf Monika nicht weg, sondern benutzte sie als Briefpapier. Verwandte und Freunde freuten sich über die Zeichnungen auf der Rückseite von Monikas Briefen.

Familienfotos

Professionell gemachte Aufnahmen sind ein schönes Geschenk – aber teuer. Ein guter Grund, mal wieder den alten Bekannten Horst einzuladen, der ist Hobbyfotograf und tut den Spars gern einen Gefallen. (Gute Kameras gibt es übrigens gegen eine geringe Leihgebühr in Fotofachgeschäften.)

Rumtopf und Likör

Wenn Frau Ohde einen Rumtopf angesetzt hat, füllt sie immer etwas in besonders schöne Glasgefäße ab, denn ein selbst gemachter Rumtopf oder Likör kommen als Mitbringsel viel besser an als die üblichen gekauften Pralinen oder Blumen.

Verschenken, was man doppelt hat

Obwohl die Spars gelernt haben, ihre Wünsche zu äußern, damit sie keine unnützen Geschenke mehr bekommen, sammeln sich mit der Zeit doch Mitbringsel an, die sie selbst nicht brauchen können oder doppelt bekommen haben. Sie tun all diese Gegenstände in eine Kiste. Wenn die Spars jemandem eine Freude machen wollen, lassen sie ihn in die Kiste langen und sich etwas nach seinem Geschmack und Bedürfnis heraussuchen.

Silberputzen

Oma Spar redet oft davon, dass bei ihr zu besonderen Anlässen eigentlich nur die Silberlöffel auf den Tisch kommen. Doch die sind seit langem dunkel angelaufen. Nadine überrascht ihre Oma: Ohne chemische Mittel und aufwendiges Polieren bekommt sie das Silber wieder blank. Dazu legt sie die Bestecke in eine Schüssel mit Alufolie und übergießt sie mit einer kochenden Salzwasserlösung.

Anzüge und Kostüme

Woher kommt nur das Gerücht, dass maßgeschneiderte Kostüme oder Anzüge teurer sind als welche von der Stange?

Monika überrascht ihren Dieter zum Geburtstag mit einem Gang zum Schneider. Der neue Anzug wird besser sitzen als einer aus dem Kaufhaus.

Tipp: Gleich zwei Hosen zum Jackett anfertigen lassen, weil Hosen öfter in der Reinigung sind und sich dadurch schneller abnutzen.

Spargelkraut

Blumensträuße vom Floristen aufgebunden sind teuer. Monika kauft schon seit langem nur Blumen im Fünfer- oder Zehnerpack und gestaltet die Sträuße dann selbst – mit dem Grün vom Spargelkraut.

Preisagenturen

Die Waschmaschine ist defekt. Dieter will seiner Frau eine neue schenken – eine fürs Leben. Er beauftragt eine Preisagentur, die ihm das gesuchte Gerät besorgt – um Hunderte Mark billiger, als sie beim Händler nebenan gekostet hätte. Für diesen Dienst bekommt die Agentur ein Drittel der Ersparnis. Preisagenturen für Konsumgüter (inzwischen auch für Reisen) gibt es in jeder größeren Stadt. (Adressen finden Sie im Branchenbuch.)

Nach Weihnachten …

Wenn unter dem Weihnachtsbaum noch die Geschenke liegen, zieht Monika schon wieder durch die Kaufhäuser, um neue Überraschungen zu besorgen: Skier für Dieter, Inlineskater für Marcel oder eine Vase für Oma zum Geburtstag … Kurz nach Weihnachten ist vieles stark reduziert!

Präsentkörbe

Präsentkörbe zu verschenken kommt einem heute eher altmodisch vor, doch das muss nicht sein! Denn wenn man den Inhalt eines Präsentkorbes selbst zusammenstellt (abgestimmt auf den Geschmack des zu Beschenkenden) und den Korb mit Blüten, Kerzen oder Zweigen dekorativ gestaltet, wird er zu einem luxuriösen, aber gar nicht teuren Geschenk. (Einen geeigneten Korb hat man vielleicht sogar noch auf dem Dachboden oder im Keller.)

Billiges aus zweiter Hand

Oma Spar möchte ihren Lieben unbedingt eine Hollywoodschaukel für den Garten schenken. Sie wirft einen Blick in ihr Annoncenblatt (*AVIS; Aus zweiter Hand* u.Ä.). Dort entdeckt sie zu Spottpreisen gebrauchte Küchengeräte, Möbel, Spielzeug – und auch eine Hollywoodschaukel!

Briefpapier aus Kalenderblättern

Viele schöne Naturkalender haben ein A4- oder A5-Format. Die weißen Rückseiten eignen sich hervorragend als Briefpapier und bringen dem Empfänger neben den Zeilen auch nette jahreszeitliche Impressionen ins Haus.

Bücher auf Vorrat

In großen Kaufhäusern werden teure Bücher in regelmäßigen Abständen verramscht. Kinderbücher, die einmal dreißig Mark gekostet haben, gibt es dann für fünf oder drei Mark. Frau Ohde bevorratet sich dann jedes Mal und hat dadurch zu jeder Zeit gute Geschenke, wenn ihre Zwillinge zu Kindergeburtstagen eingeladen sind.

Wenn Sie mehr zum Thema Schenken & Sparen wissen wollen, hier einige Literaturtipps:

Zeitschriften:
Creativ-Idee, DM 4,50
Bastel-Spaß, DM 2,90
BASTELwelt, DM 3,50
Dekorieren mit Herz, DM 2,90
Basteln mit Herz, DM 2,90
Creativ hobby, DM 4,50

Dank an alle, die uns Tipps verraten haben, und an Waltraud Berz.

Außerdem gibt es jede Menge Schnäppchen im Internet

Hier einige Adressen:
www.ebay.de
www.schnaeppchenjagd.de
www.geizkragen.de
www.nulltarif.de
www.kostenlos.de

Mein Lieblingsrezept

Mein Basteltip

Geschenkgutschein

für:

von:

Geschenkgutschein

für:

von:

Geschenkgutschein

für:

von:

Dagmar von Cramm
Aldidente
Diät
Das Original!
Eichborn.

Susanne Fröhlich · Regina Schneider
Aldidente
italiano
Das Original!
Schlemmer-Rezepte von Antipasti bis Zabaglione
Eichborn.